ANTÉCÉDENTS

ET

CONSÉQUENCE

DE LA

SITUATION ACTUELLE

PAR

ÉTIENNE LAPIERRE BEAUPRÉ

PARIS

CHARLES DOUNIOL ET Cⁱᵉ, LIBRAIRES-ÉDITEURS

29, RUE DE TOURNON

—

1876

ANTÉCÉDENTS

ET

CONSÉQUENCE

DE LA

SITUATION ACTUELLE

PAR

ÉTIENNE LAPIERRE BEAUPRÉ

PARIS

CHARLES DOUNIOL ET Cⁱᵉ, LIBRAIRES-ÉDITEURS

29, RUE DE TOURNON

1876

PRÉFACE

Je publiai, en 1869, un abrégé de l'histoire
du monde (depuis la création), lorsque les événements qui s'annonçaient à notre horizon politique m'en empêchèrent. Cet ouvrage était destiné
aux classes ouvrières des villes et des campagnes,
qui pourraient l'avoir dans leurs modestes biblio-
thèques.

Aujourd'hui, après les malheurs qui ont si
cruellement frappé la France depuis cette époque,
je n'ai pas besoin de rappeler au peuple l'histoire des siècles écoulés ; notre histoire étant de
plus fraîche date, elle doit assez nous instruire,

et nous devons savoir à quoi nous en tenir pour nous trouver satisfaits.

Cet opuscule donnera quelques passages de mon abrégé que le peuple et les classes ouvrières liront peut-être avec intérêt.

ANTÉCÉDENTS

ET

CONSÉQUENCE

DE LA

SITUATION ACTUELLE

La chute du premier empire rendit à la France la paix, le bonheur et le repos qu'elle avait perdus depuis 1789. Le commerce et l'industrie prirent une grande activité, que couronnait une prospérité toujours croissante, lorsque des troubles et des agitations politiques se produisirent, firent craindre des événements qui pouvaient, en paralysant le présent, compromettre l'avenir. Les hommes doués d'un esprit pénétrant, qui ne s'abandonnent pas aux illusions, s'en inquiétèrent, et ils ne se trompèrent pas dans le jugement qu'ils en portaient. Donc, les événements qui nous frappèrent ne les surprirent pas. Hâtons-nous de reconnaître et d'affirmer que ces événements furent d'une logique écrasante pour le grand parti libéral qui, après s'être enrichi, eut le méchant esprit de ne pas se trouver assez heureux du bonheur dont jouissait la France.

Le haut commerce et l'industrie se donnèrent la main, entraînèrent dans leur action dissolvante le commerce secondaire avec la plus grande partie de la population, dont ils étaient les inspirateurs et les directeurs. Ils fusionnèrent avec les libéraux, dont une partie n'étaient que des révolutionnaires, excitèrent le pays par tous les moyens en leur pouvoir et, par de nombreuses séditions, le soulevèrent en criant bien haut : *Vive la Charte ! vive la Charte ! vive la liberté !!!* et, de 1826 à 1830, la lutte prit à la tribune et dans la presse des proportions alarmantes : quatre années suffirent pour miner la royauté et renverser la monarchie.

Eh bien ! soyons justes en toutes choses : mais pour être justes, confessons aujourd'hui que nous nous sommes tous aidés à la démolition ; les malheurs que nous venons d'éprouver sont bien mérités !... Sachons les supporter avec résignation et repentir, pour qu'ils nous servent de leçons et d'enseignements.

La Révolution de juillet fut notre œuvre : elle fut conduite avec une grande habileté et savamment édifiée par les grands apôtres du libéralisme, les

Benjamin Constant, les Guizot, dans le *Globe*, et les Victor Cousin à la Sorbonne, etc. Oui ! il y eut beaucoup de Benjamins, qui étaient et qui furent les ambitieux de l'époque et auxquels nous devons nos longues souffrances passées, mais non oubliées, nos malheurs présents et nos désastres.

Nous sommes forcés de reconnaître, mais un peu tard, il est vrai, la logique serrée et meurtrière des événements qui nous frappent en 1870-71, qui nous poussent et nous précipitent comme si nous touchions à notre heure suprême d'anéantissement et d'effacement politique en Europe. Oui ! les peuples sont debout. Ils sont plus heureux que nous, donc ils ont mérité d'être plus heureux. Ils ont l'arme au bras, appuyant leur gouvernement qu'ils soutiennent et défendent, tandis que nous, depuis cinquante ans, nous ne faisons et ne savons faire que des révolutions. Nous renversons monarchie sur monarchie, république et empire pour tomber à l'effrayante capitulation de Sedan, et un peu plus tard, sous les coups d'une double et honteuse capitulation qui livra Paris et la France à l'étranger, démembra le territoire de ses deux plus riches provinces qu'il sépara de la mère patrie... O France ! France ! sois assez généreuse pour pardonner à tes enfants égarés leurs illusions, leurs erreurs et leur entraînement. O France, pardonne-nous, parce que nous avons bien mérité le châtiment qui nous a si cruellement frappés.

Abaissés comme nous le sommes à nos yeux et devant le monde, remontons dans notre passé pour y retrouver les grandes et nobles actions, les grands et immortels souvenirs que nos ancêtres, nos aïeux et nos pères nous ont légués pour héritage et pour retremper nos âmes et notre courage dans le malheur !... Puissent-ils, à un jour donné, effacer la honte et l'humiliation que la trahison peut-être ou le vainqueur nous ont infligées.

Au peuple l'avenir ! à lui toute la responsabilité : la république ou la monarchie, la monarchie ou la république constitutionnelle. Eh bien ! l'empire, si vous le voulez !... L'une de ces formes de gouvernement, acclamée et proclamée par la grande et majestueuse voix du peuple, demeurant debout, couverte et défendue envers et contre tous par sa majesté souveraine. Elle sera encore protégée par le prestige de 1789. Ah ! que la tâche devienne facile à l'une comme à l'autre puissance. Maintenant que la révolution est satisfaite de son triomphe, qu'elle cesse d'être la révolution et qu'elle oublie enfin d'être révolutionnaire, pour se confondre dans son amour pour la France et son dévouement à la patrie, dans une sincère et éternelle entente avec le gouvernement qu'elle aura donné à la France, appuyée sur la volonté du peuple dans la représentation de la nation, siégeant et participant au conseil suprême pour faire enfin le bonheur du peuple, en donnant à la France la paix et le repos qu'elle demande à ses enfants.

Au peuple l'avenir ! mais, pour que l'avenir lui appartienne, il faut qu'il porte son regard et son esprit à son horizon moral et politique, et avec son gros bon sens, qui ne l'abandonne jamais que lorsqu'il se laisse conduire par d'autres lumières que celles de sa raison. Les malheurs qu'il a éprouvés et dont il gardera bon souvenir, ceux qu'il accepte si cruellement lui apprendront son devoir, et, résolûment et patriotiquement, il l'accomplira dans son intérêt et son honneur, qui sont l'intérêt et l'honneur de la France abaissée et humiliée.

Peuple français ! oui, peuple livré mais non vaincu ! remonte dans les siècles pour repousser la honte et l'humiliation que tu n'as pas mérités. Oui ! nous t'avons vu, à l'appel de la patrie, accourir de tous les points de la France et te précipiter sous son drapeau pour sa défense. Oui ! nous t'avons vu, suivi et observé, mais les larmes aux yeux et le cœur brisé !!! Eh bien ! remonte dans les temps reculés et, redescendant à notre époque de malheur, au moment présent et à l'heure qui sonne au cadran solaire du monde, rends grâce aux souverains et aux rois qui ont régné en France depuis l'établissement de la monarchie, au peuple et aux grands hommes qui, venus de tous les rangs de la société, ont fait *cette France* grande et puissante entre toutes les nations. Par leur auguste initiative et la pression des grands corps de l'État depuis l'établissement du régime constitutionnel, l'instruction s'est répandue dans le peuple, et la génération présente n'est plus privée de l'instruction qui manqua à ses pères pendant des siècles. Aujourd'hui, tous les hommes savent lire et les enfants ont à la main un livre, pour apprendre et graver dans leur esprit et leur âme que, ni la puissance de l'épée, ni la force qui s'appuie sur le despotisme et l'arbitraire ne constituent le bonheur du peuple, et, qu'avec beaucoup de gloire, les peuples peuvent être esclaves, malheureux.

La marche des temps m'a fait comprendre que le peuple doit s'instruire à l'école des temps passés et reculés qui ont si fortement éprouvé nos ancêtres et nos aïeux, oui, le peuple doit s'instruire aujourd'hui à cette école, et malgré tout ce que nous pourrons lui présenter en notre faveur, malgré les affirmations et l'éloge soutenu que nous nous donnons, ce sera toujours à l'école des anciens que nous aurons appris et que nous nous serons instruits...

L'école des siècles est pour nous l'école du malheur, mais elle est aussi, dans le siècle où nous sommes, qui nous éprouve si cruellement, l'école où l'on s'instruit par l'expérience, qui est la grande et la haute leçon morale et politique que méditent les grands esprits, les gouvernants et les gouvernés. La génération présente ne doit pas, comme ses devancières, ignorer l'histoire du monde, parce que nos aïeux et nos pères n'en connaissaient que ce qu'on avait bien voulu leur en apprendre à la veillée, au coin du foyer.

Lorsque le peuple connaîtra l'histoire des temps reculés, il ne se fera plus le complice des ambitieux ni des compétiteurs au trône, des tribuns qui veulent arriver au pouvoir pour le saisir dans leur intérêt personnel. *Non, non, le peuple n'écoutera plus ces gens-là, et il ne se fera plus mitrailler pour eux.* Il portera au pouvoir suprême le prince ou le citoyen qu'il voudra se donner pour le gouverner ; il réservera son courage et toutes ses forces pour prendre, à un jour donné, sa revanche contre un ennemi qui, en lui présentant des batailles contre des feintes, des marches et des contre-marches, des mouvements de surprises ou de retraites, nous a vaincus en se promenant sur le sol de la patrie.

Le peuple, sur lequel repose aujourd'hui la société, depuis le dernier échelon de l'échelle sociale jusqu'au plus élevé, commente et explique les événements et les époques remarquables où l'homme, luttant avec son libre arbitre, avait, comme aujourd'hui, à se défendre contre lui-même, son premier ennemi, ensuite contre l'ennemi connu, visible, qu'il voulait vaincre et exterminer, et, dans son audace, contre Dieu et les éléments.

La guerre commença entre les hommes en l'an du monde 2092. Elle fut produite et amenée par la disposition entre eux d'abord, et des rois plus tard, à leur établissement, par l'ambition et l'injustice de s'emparer des terres de leurs voisins, d'adorer d'autres dieux que le Dieu d'Abraham et de Jacob. Voilà les causes vraies, réelles, qui ont fait verser tant de sang, tailler en pièces des peuples, brûler des villes, incendier et ravager le monde, exterminer des nations pour la fatale ambition d'agrandir son domaine royal, impérial ou républicain, cette malheureuse ambition d'agrandir son domaine que le roi Guillaume de Prusse a résurrectionnée, en détrônant des rois, des princes, ses frères en droit divin, en s'emparant et s'appropriant, en l'an du monde 5867 après la création, des royaumes de ces princes dépossédés, dont une faible partie fut donnée à son allié l'empereur d'Autriche qui, un peu plus tard, la retrouva au roi Guillaume, son frère. L'entente des deux empereurs ne fut pas longue. Un peu plus tard, à Sadowa, le roi de Prusse vainquit l'empereur d'Autriche et lui enleva la Confédération germanique. Avouons que ce fut de la part du roi de Prusse une politique bien habile et préparée, conduite et accomplie, qu'elle le fut avec le consentement de Napoléon III, consentement tacite, si vous le voulez, mais qui fut néanmoins solennellement accepté par le Corps législatif et le Sénat.

Sous l'impression de ces tristes et douloureux événements que nous rappelle en lettres de sang l'histoire du vieux et du nouveau monde, la pensée a besoin de repos, elle a besoin de faire halte pour chercher une époque de paix et de bonheur ! Cette époque sera celle où Alphonse de Lamartine publia pour le monde ses *Méditations poétiques*, que la jeunesse d'alors, celle des écoles et celle de l'Europe, saluèrent par des transports d'enthousiasme et d'entraînement vers leur auteur ! ce temps où l'âme du poëte s'élevait dans les régions célestes où le génie s'inspire de sublimes contemplations !... Mais un jour, Lamartine, s'éloignant du rivage des cieux, un faux rayon de lumière lui fit faire fausse route, il s'abattit à notre horizon politique et il n'offrit plus au monde de hautes méditations ; mais il prépara avec d'autres illustrations politiques la révolution de 1848, qu'il sut accomplir, conduire quelque temps, mais qui l'écrasa de tout son poids, en le sé-

parant en quelque sorte du monde et en l'abandon-
nant à lui-même.

En ouvrant la Bible et la Genèse, je me suis
trouvé à la création, au sixième jour de l'œuvre du
Créateur, l'homme se forme dans sa puissante main.
Adam et Ève furent placés dans un jardin délicieux,
dans le paradis terrestre qui renfermait, entre tous
les biens, l'arbre portant sur ses rameaux le fruit
défendu. A côté d'Ève, un serpent, venu en ram-
pant était dans le jardin d'Éden ; le serpent plus
habile et plus rusé que le premier homme, parlait
en ce temps un langage commun. Le rusé serpent
savait bien avant M. de Talleyrand-Périgord que la
parole avait été donnée pour la dissimuler, aussi s'en
servit-il victorieusement auprès d'Ève qui céda assez
volontairement à l'habile esprit du mal.

Ève ayant touché au fruit défendu, les généra-
tions d'Adam, qui devaient se reproduire en multi-
pliant à l'infini sa race pour occuper la terre, furent
entachées du péché originel, que nous expions tous
les jours, à toutes les heures et à tous les moments,
par la douleur et les souffrances les plus vives, les
peines les plus poignantes du cœur et de l'âme, la
misère et l'état d'abjection de la plus grande partie
des hommes. Et, si on suivait les anneaux de cette
chaîne de douleur qui pèse sur l'humanité, comment
m'expliquer la création, si Dieu, dans sa bonté

infinie, ne m'avait départi de mon libre arbitre qui constitue la plénitude de ma liberté, et me permet de le blasphémer et de le renier à la face des cieux et de la terre, tressaillant de joie, d'allégresse et de bonheur, au lever du soleil, à son midi comme à son coucher, en nous découvrant la gloire et la majesté des cieux, et, pour féconder la terre, s'avançant dans l'espace pour éclairer et vivifier le monde!... O mon Dieu! mon Dieu! pardonne-moi : non, je ne te blasphémerai pas, non, je ne renierai pas mon Dieu! je me prosternerai à tes pieds, je t'aimerai de toute la puissance de mon cœur et de mon âme, pour de là m'élever jusqu'à toi, et à cette hauteur divine, proclamer que le Créateur est un Dieu de bonté et de miséricorde infinie.

J'ai pris l'homme sortant des mains du Créateur, sous les yeux de Dieu, ensuite de sa chute qui fut le premier événement après la création. J'ai trouvé le premier homme privé de tout contact avec d'au-tres hommes, seul, en présence de Dieu et de l'es-prit du mal. Ainsi j'ai trouvé Adam dans toute sa nature primitive et officielle. Rien ne l'empêche, rien ne le détourne, ni ne peut le faire varier dans sa marche ou l'accomplissement de sa volonté, aussi caractérise-t-il ses premiers actes, en leur donnant un cachet qui sera le sceau éternel et ineffaçable attaché à ses œuvres comme à ses actions.

Adam était riche du libre arbitre qui lui donnait la plénitude de la liberté qu'il transmit à sa race, qui ne l'a pas laissé tomber en désuétude. Certes non !

Cependant le Créateur se repentit d'avoir créé le monde. Mais l'Éternel ne pouvait pas créer pour détruire : son œuvre ne ressemblant pas à celle de l'homme, il ne pouvait ni restreindre, ni lui enlever son libre arbitre qui élevait l'homme à la hauteur du Créateur, pour lui révéler et lui apprendre qu'un jour il partagerait avec lui sa vie éternelle.

Dieu, en donnant aux hommes toute liberté et toute indépendance, leur donna aussi ses préceptes et ses commandements, qu'ils devaient observer et remplir durant leur vie, il les traça en paroles qui devaient être ineffaçables, car, de leur observation ou de leur abandon, l'homme éprouverait bonheur ou malheur, vie heureuse ou malheureuse, paix ou guerre entre les rois et les empereurs, et paix inté-rieure, si impérieusement nécessaire et demandée aux hommes dans toutes les conditions de la vie.

En donnant aux hommes ses commandements, Dieu leur disait : « Maintenant, tu seras heureux ou malheureux sur la terre, selon ta volonté ; comme je t'ai créé et organisé pour être libre et en toute liberté d'action, je ne puis pas t'empêcher, je ne puis pas t'arrêter ! Créateur et tout-puissant que je suis, je ne puis pas empêcher que ce qui est soit. Tu es libre de faire ta volonté en toute chose et de l'accomplir, comme tu es libre, dans le bonheur et la prospérité, de remercier ou d'oublier le dispensateur de tout bien, et, dans le malheur et l'infortune, les douleurs et les peines du cœur et de l'âme, de demander au Créateur, à Dieu, aide, appui et protection. Mais si tu oublies et enfreins mes préceptes et mes commandements, il t'arrivera malheur, maladie, souffrance ; peines et douleurs te suivront et t'affligeront avec ton frère ; ce sera toi-même qui te puniras, comme tes frères se puniront en vous faisant atteindre par l'ordre établi parmi vous qui, devenu loi, vous frappera. »

J'ai reconnu que l'homme, emporté malgré lui par sa nature même, pouvait négliger les préceptes et enfreindre les commandements de Dieu, mais, en le suivant et en observant ses actions et les principaux événements qu'il a produits, je l'ai toujours retrouvé pas assez réservé ni retenu devant la plénitude de sa liberté. Mais à la venue du Christ, qui a transformé l'humanité, l'homme s'est ému à la vue de l'auguste supplicié mourant sur la croix, le monde a tressailli de douleur ; mais il a tressailli d'espérance, car une grande révolution venait de s'accomplir dans le monde et pour le monde... La sublime morale du Christ crucifié par l'aristocratie juive enseignait aux hommes l'amour de leurs frères par l'aide et la charité, la fraternité et la liberté, aimée et pratiquée entre les hommes pour le bien-être de tous.

Ce sont ces grandes vérités que j'ai comprises en prenant l'homme à la création, et en le suivant d'abord jusqu'au déluge et après le renouvellement de l'espèce humaine, à sa sortie de l'arche sainte. Et en suivant, scrutant l'histoire de tous les peuples, je l'ai toujours retrouvée ni plus ni moins parfaite, mais toujours la même. Elle ne pouvait pas devenir meilleure, se perpétuant par les enfants de Noë : comme Dieu a dit : Je ne puis pas empêcher que ce qui est soit, est une vérité primordiale que nulle puissance ne peut altérer ni détruire. Philosophes, savants, recteurs, sophistes, et vous, libres penseurs, qu'avez-vous à répondre ?

En rappelant les premiers événements du monde, que ne puis-je rendre les idées, les pensées, les sensations et les impressions profondes qui ont traversé mon âme.

L'empire romain s'éleva en invoquant des dieux et en s'inspirant des vertus sévères et élevées du paganisme, qui lui donnèrent le génie, l'audace et l'idéal de sa valeur sur les champs de bataille. Il s'éleva sur les ruines et les dépouilles de ses voisins et de ses amis, et avec l'aide des premiers, vaincus et spoliés, il parvint à conquérir le monde.

Mais au jour de sa plus grande puissance, qui, d'entre ces grands hommes, consuls, dictateurs, triumvirs, généraux, patriciens, plébéïens et sénateurs, si glorieux du nom de citoyens romains, qui d'entre eux, dis-je, aurait cru à la chute de l'empire emporté en un jour par les Barbares. Ici, reconnaissons une fois de plus, que les peuples sont l'instrument dont la Providence se sert, quand *il le faut*, pour châtier les rois, les princes et les empereurs, et, après ces derniers, le peuple lui-même par lui-même... C'est ainsi que finit cette Rome, après avoir donné et fait la loi à l'univers. Elle serait demeurée ensevelie sous ses décombres et ses ruines sanglantes, si la venue du Messie, du Rédempteur annoncé par Moïse, ne se fût accomplie. Oh ! ces mêmes ruines, sanctifiées par le sang des martyrs et relevées par le christianisme, devaient recevoir de la catholicité l'auguste et le grand nom de Ville Éternelle, pour devenir jusqu'à la fin des temps le foyer ardent et sacré de la foi de nos pères, le siége et le sanctuaire du représentant du Christ, revêtu du caractère sacré qui fait de l'homme le pontife et le prêtre, et du prêtre le pontife, l'homme-Dieu ! Le prêtre, que je vénère et que je respecte sous l'habit dont il est revêtu et que j'appelle l'homme-Dieu, n'appartient plus à la terre, il est consacré pour le saint ministère dont il est honorablement couvert, qui fait du pontife et du prêtre le serviteur de Dieu, mais de Dieu seul !

Grâce à l'instruction qui s'est progressivement répandue, le peuple est instruit, comme tout le monde le sait. Le peuple à son tour, mis en opposition avec Descartes, s'est dit : « Je suis, donc je pense, » et le peuple s'est mis à penser et à réfléchir comme pensait Galilée, Descartes, Pascal, Leibnitz et Newton, enfin, comme les grands hommes de la science. Le peuple pense donc maintenant, livré à ses occupations journalières, comme le législateur pense, préoccupé de la confection plus ou moins libérale des lois qu'il va voter au Sénat ou au Corps législatif. Il pense, lui, le front courbé vers la terre, la mère nourricière de nous tous, petits et grands, riches ou pauvres, comme le sénateur et le député pensent dans les palais assis sur leurs siéges dorés. Il réfléchit encore en tenant dans la main la bêche, ameublant le terrain pour la semaille prochaine ; comme le député et le sénateur pensent et réfléchissent à l'échéance de leur traitement. Mais lorsque, fatigué, l'homme des champs relève son front vers le ciel, il pense aussi aux lois qui régissent le mouvement de la terre et des cieux, et, voyant le soleil aller à son couchant, comme le sénateur et le député, il s'incline devant l'astre, et il attend, lui aussi, le retour du soleil levant.

Le dix-neuvième siècle a écrit dans le vocabulaire du peuple deux mots qui ne sont pas *longs ;* deux mots que le peuple a facilement compris et qu'il interprète dans leur véritable acception, maintenant qu'il lit dans les grands livres où se trouvent ces mots magiques, ces grands et terribles mots de *liberté, bien-être.* Ces mots il les interprète et il les commente à son point de vue en regardant froidement derrière lui, et en les faisant entrer dans le domaine idéal de sa pensée et de son avenir.

Nous nous sommes faits ce que nous sommes aujourd'hui. Depuis cinquante ans, nous travaillons à transformer l'état social de l'humanité ; nous y sommes parvenus avec la puissance de l'industrie, mais en enlevant à la terre, la mère nourricière du peuple, chargée par le Créateur de donner et de fournir à ses enfants, pour leur plus pressant besoin d'abord, le pain de chaque jour et tout ce qui a rapport à leur existence.

Malheureusement, une ambition exagérée, sans frein et sans limite, s'empara des esprits sous la restauration de nos rois ; cette ambition était légitime ; seulement elle était portée trop loin, même avec la paix qui nous était assurée. Nous avons créé de grands centres d'industrie, des ateliers immenses, des usines se sont élevées sur tous les points de la France, et, dans notre imprévoyance, nous n'avons pas craint ni hésité d'y réunir confusément la jeunesse des deux sexes : hommes et femmes sont venus des campagnes, enlevés à leurs familles, arrachés par l'appas du gain à leur foyers ; mais, pour compensation de la dépopulation, le progrès et notre civilisation s'asseyaient au foyer déserté par une partie de ses membres, envahissaient toutes les classes du peuple, étalaient à leurs yeux émerveillées un luxe effréné, les portaient à une existence qui ne pouvait d'abord que flatter et être agréable à ce nouveau civilisé. Que de déceptions sont venues ouvrir les yeux aux honnêtes gens des villes et des campagnes, et quelles réflexions n'ont ils pas faites !

Ne nous faisons plus d'illusions ! plus le peuple sera instruit et éclairé, plus il demandera de richesse et de bien-être, il voudra avec raison et *justice* être heureux en homme civilisé ; il voudra des plaisirs et des jouissances qui lui étaient inconnus et ignorés, eh bien ! êtes vous à même de les lui donner et de lui assurer tous ces biens que vous lui avez montrés en perspective ? Si vous ne le pouvez, il les prendra : *alea jacta est ;* alors, peuples et gouvernements, les armes à la main, se regarderont en face.

Ainsi, deux mots pris dans une acception exagérée et trompeuse ont suffi pour transformer les lois de l'ancien monde en celles du dix-neuvième siècle.

Nous avons eu des événements temporaires et passagers, mais nous avons eu des révolutions sociales qui, en 1789, ont remué le monde dans ses lois fondamentales. Depuis cette grande et mémorable époque, rois et peuples et peuples et rois meurent à la peine, les uns en étayant le vieil édifice qui s'en va en ruines, les autres en le faisant crouler plus vite, et le plus tôt, pour le réédifier à neuf en l'élevant sur de nouvelles bases aux larges et grandes proportions démocratiques.

« Le monde marche, » s'est écrié à la tribune du Corps législatif un homme d'État ; oui ! Monsieur le ministre a eu trois fois raison en s'exprimant ainsi, parce que le monde, dans sa marche séculaire, nous a donné de sévères leçons à méditer, maintenant que le suffrage universel a rendu le peuple souverain..... Oui, Monsieur le ministre, le monde a marché, et il marchera comme je vais vous le faire observer par les faits accomplis et par ceux qui ne tarderont pas à nous frapper.

Nous avons vu tomber une monarchie de quatorze siècles et le meilleur des rois laisser sa tête sur l'échafaud ; cette auguste tête, relevée par la main du bourreau, fut montrée au peuple comme une victoire et le châtiment d'un roi qui n'avait pas fait le bonheur du peuple.

Nous avons vu tomber la Convention qui, avec

sa guillotine en permanence, ne faisait pas assez vite le bonheur du peuple.

Nous avons vu tomber le Directoire, emporté par le coup d'État du 18 brumaire pour se transformer en renversant la république qui ne faisait pas le bonheur du peuple.

Nous avons vu tomber l'Empire, avec toute sa puissance et sa gloire, pour s'être attardé à faire le bonheur du peuple.

En ce temps de la Sainte-Alliance, les rois coalisés donnèrent au maître du monde, sur les rivages de la France, une île à gouverner pour lui faire oublier sa grandeur passée ; mais Napoléon, pressé de re-prendre sa couronne, débarqua à Fréjus avec son armée de cinq cents grenadiers de la vieille garde, sa marche fut un triomphe jusqu'aux Tuileries ; il revenait pour faire le bonheur du peuple.

Nous avons vu tomber l'empire des Cent-Jours, par fatalité, trahison ou destinée. Napoléon fut vaincu à Waterloo, et il n'eut pas le temps de faire le bonheur du peuple.

Nous avons vu tomber la Restauration aux accla-mations enthousiates du commerce et de l'industrie, enrichis par elle ; aux acclamations frénétiques du grand parti libéral, représenté et dirigé à cette époque par les Lafayette, les Guizot, les Victor Cousin, les Manuel, les Benjamin Constant, les

Audry de Puiravaux, les Portalis, des Garnier Pagès, Laffite, Royer-Colard, général Foy, Lamarque, général Thiais, enfin les trop fameux Deux Cent Vingt-Un qui, ensemble, renversèrent Charles X qui, lui aussi, ne faisait pas le bonheur du peuple.

Nous avons vu tomber Louis-Philippe, l'élu de la nation, l'élu de la bourgeoisie et du grand parti libéral représenté par les noms célèbres que je viens de nommer plus haut, dont une partie furent ses conseillers ou ses ministres et l'étaient encore, lorsque d'autres fameux philosophes ou hommes d'État, plus exercés et plus habiles que les Guizot, les Rémusat, etc., renversèrent Louis-Philippe qui ne faisait pas, lui aussi, le bonheur du peuple.

Nous avons vu tomber le pouvoir exécutif des mains du grand et illustre de Lamartine, pour ne savoir pas faire le bonheur du peuple..... Et nous avons vu ce même pouvoir remis au général Cavaignac pour faire enfin le bonheur du peuple.

Nous avons trouvé le général Cavaignac en présence des difficultés du moment, aux prises avec le peuple soulevé, qu'il fut obligé et contraint de battre et de faire mitrailler plusieurs jours pour arriver à faire le bonheur du peuple.

L'élection pour la présidence eut lieu : le général Cavaignac fut en opposition porté candidat contre le prince Louis Bonaparte, mais sous les coups quotidiens de M. Émile de Girardin, Véron, et du clergé, nous avons vu le général Cavaignac descendre avec dignité du pouvoir sans avoir pu, lui aussi, faire le bonheur du peuple.

Le prince Louis-Napoléon Bonaparte fut appelé à la présidence de la république avec une majorité aussi imposante qu'éclatante d'enthousiasme, mais le prince Louis-Napoléon, bien convaincu qu'il ne pouvait pas donner au peuple la somme de bonheur qui lui était due, ferma l'Assemblée nationale, fit le coup d'État du 2 décembre 1852 et mit la clef dans sa poche.

J'ai vu passer et tomber bien des gouvernements, j'ai vu empereurs et rois aller en exil, en revenir et y retourner pour aller mourir sur la terre étrangère !... Je l'avoue, j'ai salué avec bonheur le retour de nos rois, l'ère de paix et de liberté qui assurait à la France la prospérité et le repos dont elle avait besoin. Faut-il que je descende dans la tombe en laissant la France à la recherche du bonheur du peuple ? A Rome, il en était ainsi ; c'était toujours au nom des intérêts et de la liberté du peuple, qu'il *n'obtenait jamais*, que le peuple était décimé et battu, la population passée au fil de l'épée, et le pauvre peuple des deux côtés portait toujours les coups, soit en défendant les chefs de sédition ou d'insurection, et, après ces derniers, Marius, Sylla,

Pompée ou tous autres ambitieux ou compétiteurs
aux charges et au trône, César, Auguste, Octave,
Tibère, Caligula et Néron. N'apprendrons-nous
jamais rien et serons-nous toujours de grands enfants ?

J'ai hâte de dire et d'affirmer qu'il est bien diffi-
cile à un souverain, roi ou empereur, empereur,
roi ou président de république, soit par la grâce de
Dieu, soit par la grâce du peuple, de régner aujour-
d'hui sur le peuple le plus honnête, le plus brave,
le plus intelligent et le plus éclairé du monde, s'il a
eu le bonheur de faire et de traverser quatre ou cinq
révolutions qui l'ont divisé en créant des partis pour
lesquels des intérêts divers se croisent en les sépa-
rant par d'autres intérêts politiques ou des haines
injustes et mal comprises, plutôt que par affection
ou dévouement.

Le second empire comme la Restauration relevè-
rent la France en donnant au commerce et à l'industrie la plus heureuse impulsion dont nous ayons con-
servé le souvenir, en lui rendant la confiance qu'elle
avait perdue en 48 ; les transactions reprirent leur
cours interrompu, et la France oublia bien vite ses
malheurs.

La transformation des villes, accomplie en si peu
d'années dans toute la France avec une activité
fébrile et inexplicable, laissa bien loin les travaux

exécutés par Louis-Philippe, sous le ministère de M. Thiers, avec une modération réfléchie et digne d'un homme sérieux, d'un hommé d'État, néanmoins, attaqués par l'opposition d'alors, comme le sont aujourd'hui les splendides constructions qui s'élèvent sur tous les points du nouveau Paris, en reculant ses limites séculaires, travaux que ne pouvait entreprendre et faire exécuter qu'un souverain comme Napoléon III, usant de la plénitude de sa liberté. Je ne puis m'empêcher de reconnaître que ces immenses entreprises ont enlevé aux campagnes l'élément le plus utile à leur prospérité : ses enfants, qui sont l'outillage le mieux approprié et assuré pour ses rudes travaux des champs, à l'agriculture, ses forces les plus vives. Constatons encore les vides qui s'y font par une armée permanente de six cent mille hommes, portée aujourd'hui à un million deux cent mille. Il est vrai, vous abattez de chétives maisons, vous démolissez de beaux hôtels pour aligner de larges et belles rues, de grands boulevards où s'élèveront de magnifiques hôtels, de somptueux palais... Eh! aurez-vous assez de nobles, de marquis, de comtes, de barons et de ducs pour les occuper ? trouverez-vous assez de bourgeois et de petits bourgeois, avec 50, 40, 30 et 20,000 francs de rente pour s'y loger ? Et le peuple, le boutiquier, comment s'exécuteront-ils

aux échéances des loyers, dans vos grandes maisons à belles façades, ornées de balcons jusqu'à la
mansarde et recouvertes de zinc. Les appartements
de vos hôtels, enveloppés à l'extérieur comme à
l'intérieur d'une couche de plâtre de vingt centi-
mètres d'épaisseur, sont, pour l'ouvrier qui n'a
pas de feu, de véritables cellules où il étouffe de
chaleur en été, et en automne et en hiver gèle de
froid ou d'humidité. Ainsi, par entraînement ou
absence de pressentiment et tout en voulant faire
le bien, on fait des fautes que l'on aura un peu
plus tôt ou un peu plus tard à regretter, mais qui
ne tombent pas dans le cercle d'une opposition sys-
tématique pour s'en servir dans une pensée révolutionnaire et s'en faire une arme contre le gouvernement. Oui, l'opposition attaque toujours. Ainsi le
veut le gouvernement constitutionnel et représen-
tatif. L'opposition juste et sincère est le contrôle
des actes du pouvoir en présence du pays qui y
trouve la conservation de ses intérêts, surtout leur
défense contre le pouvoir. Mais l'opposition systé-
matique, cette opposition fatale au bien-être du
peuple, à la paix publique, à la prospérité et à la
paix du pays, sous la restauration et sous Louis-
Philippe, attaquent le gouvernement et le souverain
par tous les moyens, le feu, le feu des machines
infernales, troublant chaque jour le repos public et

fatiguant la France, et proclamant que l'insur-
rection est le plus saint des devoirs.

J'ai bonne mémoire du passé et je me souviens
de vos acclamations mensongères de : *Vive la
Charte, vive la Charte!* Oui, cette opposition sys-
tématique et trompeuse s'appelle révolution : je la
reconnais à sa tenue et à son langage ; c'est bien
elle qui reparaît sous Napoléon III ; je la dénonce à
mon pays, pour avoir aidé et avoir contribué à
faire perdre à la France son prestige et sa puissance affaiblie et diminuée par sa coupable pression
en faveur de la Prusse, dans les événements qui se
sont déroulés et accomplis en Allemagne.

Je veux être juste en toutes choses et demeurer
dans la vérité des faits. Napoléon III a commis de
grandes fautes, oui, de grandes fautes, parce que,
les empereurs et les rois, les rois et les empereurs
ne commettent jamais de petites fautes. Les rois et
les empereurs ne sont pas parfaits, accomplis comme
le sont les députés et les sénateurs, dans l'opposition,
au Sénat, au Corps législatif ou dans la presse ! ! !
Napoléon pouvait se tromper, se faire illusion, ne
pas pressentir les événements qui, un peu plus tôt
ou un peu plus tard, allaient se précipiter sur la
France, par la marche envahissante de la politique
prussienne intervenant dans le Danemarck et en
Allemagne. Un homme, qu'il soit empereur, roi ou

sujet, peut se tromper, oui, l'empereur pouvait se tromper ; mais les ministres, ses conseillers, pou-vaient-ils se tromper, eux ? Non, non, mille fois non ! Eh bien ! je le demande au Corps législatif et au Sénat, où une majorité aussi imposante qu'écla-tante d'adulation acclamait la volonté de l'empe-reur, exprimée par ses ministres, qui approuvaient, en quelque sorte, la politique prussienne, me frappa de terreur et d'effroi. Je l'avoue, je me disais : Le Corps législatif et le Sénat trahissent, sans le vouloir, l'empire et le pays, les livrent à l'étranger, poussent et précipitent la France à sa chute et à sa perte.

Si je veux être juste, comme je l'ai dit plus haut, je dirai que Napoléon III est le souverain qui, de-puis l'établissement de la monarchie, soit par la grâce de Dieu, soit par la grâce du peuple, s'est le plus occupé des grands intérêts du peuple et des classes pauvres et infimes de la société.

Mais si je prête mon attention au bruit qui se fait autour de moi et qui trouble mon esprit, je ne sais que penser de la situation où je trouve la France. D'un côté, la presse est satisfaite, sauf quelques cris aigres-doux qui lui échappent. Mais la presse de l'opposition, ou plutôt de la révolution, est remplie de plaintes et d'attaques violemment exprimées contre l'empire.

Le progrès et les besoins nouveaux qui s'accen-

tuent si violemment dans toutes les classes de la
société me font craindre et redouter l'avenir vers
lequel nous nous précipitons. Cet avenir est devenu
en perspective le champ, le vaste domaine de tous.
Les portes de cet avenir, si attendu, s'ouvrent aux
plus pressés pour y établir leurs siéges, aux applau-
dissements de l'humanité, toute palpitante d'intérêt
et d'attente pacifique.

Cet avenir de paix et de prospérité que vous nous
avez offert avec éclat, assurance et autorité, êtes-
vous à même d'en réaliser l'accomplissement que
vous nous avez fait. Dans l'état d'inquiétude où se
trouve l'Europe, nous devons rechercher les causes
qui ont amené les empereurs, les rois et les princes,
à armer, comme ils le font depuis dix ans, et comme
ils le font encore, malgré leurs protestations paci-
fiques de tous les jours, inventer et innover des
machines de guerre, des engins de destruction,
fusils à aiguille, chassepots, canons rayés, vaisseaux
cuirassés et blindés, torpilles, et le tout produit
sur une grande échelle ; et l'Europe, s'appuyant
sur six millions de soldats prêts à s'ébranler pour
marcher à la victoire. Le champ de bataille devien-
dra donc un abattoir d'hommes, une boucherie
organisée pour abattre, au dix-neuvième siècle,
l'espèce humaine, les enfants de la grande famille
de Dieu, nos frères.

Je le demande aux hommes qui président aux destinées des peuples, qui créent dans leur intime pensée ces moyens de destruction perfectionnés par la science qui les met à leur service, se glorifient comme souverains par la grâce de Dieu et la volonté nationale, en l'an de grâce 1867-68.

Quel est l'homme qui, pris au dernier échelon de l'échelle sociale comme au premier, approuverait ce programme, ce manifeste, et le sanctionnerait de son geste, de sa voix ou de sa plume ?

Ces noms augustes d'empereurs, de rois, de consuls, de tribuns, de triumvirs et de sénateurs, que dans ma retraite de la création j'ai rencontrés sur mes pas, ne peuvent me rassurer. Le souvenir d'un passé que j'ai étudié, scruté, se dresse devant moi, saturé d'événements et de crimes arrivés et commis de siècle en siècle jusqu'à nous, effraie l'imagination, trouble l'esprit et laisse craindre qu'un avenir semblable à ce passé ne se reproduise pour nous.

L'histoire du monde n'est-elle pas là pour nous servir de leçon et nous avertir ?

Je n'accuse personne, ni rois, ni empereurs, ni princes, ni ministres. J'accuse tout le monde : mon accusation n'aura rien de personnel. J'ai remonté dans les temps, à la création, et revenant à notre époque, je me suis arrêté à chaque étape, non comme un soldat qui bat en retraite devant l'ennemi, mais comme un homme sérieux, un observateur sincère et dépouillé de tout intérêt et de toute attache que celle qui donne à l'esprit et à l'âme le sentiment du bien, du juste et du vrai. J'ai rappelé les événements avec une logique serrée et écrasante pour leur époque reculée, mais éclatante de lumière pour notre instruction, en nous montrant les anneaux ajoutés par tous les siècles à la chaîne qui retient de plus en plus les hommes dans un cercle de fer que la main de l'homme, esclave, un peu civilisé ou beaucoup civilisé, n'a fait que forger, souder et river contre sa liberté.

Le libre arbitre donné à l'homme proclame sa liberté sur la terre, mais si une lourde chaîne pèse sur le monde, Dieu, pour en alléger le poids, lui donne pour appui la liberté d'abord, la croix ensuite, pour faciliter aux hommes l'accomplissement de leur devoir.

La croix est l'auguste auréole de la liberté et de la rédemption du monde. L'homme qui s'incline devant elle et qui prie, atténue et affaiblit en lui son libre arbitre, en lui rappelant la mort du juste qui, à l'heure suprême, leur demanda pour son Père cette concession... A l'œil du chrétien, la croix apparaît dans l'espace, d'où elle plane sur le monde ! Près de nous, elle est arborée sur les temples, sur les églises et sur les monuments religieux et de charité;

nous la saluons sur la route qui conduit à la ville et à la grande cité, à l'angle du chemin qui conduit au village et au hameau.

Libre arbitre, liberté et rédemption sont les lois éternelles et immuables qui, résolues et consacrées par la philosophie unie à la morale du Christ, formeront le code politique et religieux qui doit régir et gouverner le monde.

Les assises sur lesquelles repose la société sont usées, nous ne devons pas en être surpris : le passé n'est-il pas là qui le confirme et le certifie. Le monde marche, mais dans sa course, toute lente qu'elle nous apparaît, n'en est pas moins précipité dans son action déterminée par son auteur. Tout se décompose en elle, tout s'use et s'anéantit, mais aussi tout est remis en fusion pour reprendre un foyer où bouillonne la pensée, une nouvelle forme et une nouvelle existence par de nouvelles lois qui réédifieront le vieil édifice, en vivifiant les nations futures qui sont appelées à nous remplacer.

Qui de nous pourrait douter un seul moment que la destinée de l'homme ne se soit améliorée sous tous les rapports depuis 1789 ? Je consens à reconnaître, néanmoins, que la marche des événements, depuis cette mémorable époque, nous précipite dans le tourbillon des idées qui produisent l'état de confusion où l'Europe morale et politique se trouve. Je reconnais aussi et je constate encore que l'un des bassins de la balance, qui contient son avenir, emporte l'autre. Quand l'équilibre est rompu, qu'arrive-t-il ? Je n'ai pas besoin de le dire, tout le monde le sait.

Regardez de bien près les hommes qui eurent mission de diriger les peuples et de les gouverner, et qui peut-être se laissèrent conduire ; mais étudiez aussi les classes qui occupent les degrés de l'échelle sociale, vous aurez le pressentiment de l'avenir, vous serez prophètes.

Malgré nos craintes et nos pressentiments, nous devons espérer et attendre avec confiance un avenir plus en rapport et plus lié au bonheur et à la dignité de l'homme, méconnue tous les jours en présence de Dieu et de nos frères. Ici, je serai compris, excepté de ceux qui transgressent la parole du Christ, la parole du Maître !!!... En portant nos regards à notre horizon intellectuel, soyons fervents dans nos prières au Créateur. Dieu n'a-t-il pas dit aux hommes : *Demandez, on vous donnera ; frappez, on vous ouvrira ; j'ai tout prévu, j'ai tout sanctifié. Paix*, a-t-il dit encore, *entre les hommes !* Soyons donc ces hommes de bonne volonté demandés par le Seigneur, et la paix régnera entre nous.

C'est cette paix, qui signifie entente, amour et charité entre les hommes, qui leur a toujours manqué dans les grandes et périlleuses circonstances où ils se sont trouvés, qui a toujours perdu rois et peuples et peuples et rois dans des moments suprêmes qui n'étaient pour eux qu'une transition produite par la marche du temps et des besoins nouveaux, à s'assurer, pour améliorer la condition du peuple, en grandissant les rois et les empereurs de tout ce que le peuple obtenait en bien-être, liberté et dignité.

A cette heureuse entente, qui a toujours manqué aux gouvernants et aux gouvernés, succédaient toujours des guerres sanglantes et meurtrières qui devaient les raffermir sur le trône. Les batailles livrées depuis cinq mille ans révolus pour exterminer leurs ennemi ont couvert la terre de champs de batailles et des restes mutilés de nos ancêtres, de nos aïeux et de nos pères barbares et presque sauvages. Il faut en faire l'aveu : cette époque reculée, il faut bien la rappeler à notre siècle, il faut bien le dire et le redire aux hommes de notre temps, à la génération présente, qui n'est pas assez pénétrée de cette grande vérité, que nos ancêtres et nos aïeux étaient presque sauvages à l'égal de la bête. Ils se tuaient et frappaient sans miséricorde. A cette époque, les hommes ne pouvaient être que ce qu'ils se sont montrés dans ce temps-là, où la vie de l'homme appartenait au barbare qui lui commandait, et qui, sans pitié, le faisait tuer ou le tuait.

Aujourd'hui le peuple est surpris et étonné, il est

dans l'admiration pour la beauté et l'excellence des
inépuisables bienfaits du progrès et de la civilisation moderne, et il est injuste et ingrat envers les
rois, les empereurs et les princes qui ont régné en
France et qui l'ont faite grande et puissante, aidés
et soutenus par nos pères dans la grande et immor-
telle œuvre de l'unité nationale et monarchique.

Je me permettrai encore de rappeler ce qu'étaient
nos ancêtres et nos aïeux. Rois et reines, princes et
princesses, papes, moines, évêques, peuple, bourgeois et manants, ne pouvaient pas être bien ver-
tueux, parfaits et accomplis comme nous le sommes,
nous, civilisés et très-civilisés en l'an de grâce 1868.
Qu'elle le sache donc cette ardente jeunesse, qui se
précipite avec ardeur et courage sur les champs
de bataille et qui se précipite aussi avec amour et
passion à l'étude des sciences et des arts, pour leur
demander les grandes et sublimes vérités qu'ils ré-
servent au lauréat heureux qui saura les leur sur-
prendre.

Il incombe à la France, au dix-neuvième siècle,
de grands devoirs ! A elle l'avenir ! Mais si l'avenir
lui appartient, qu'elle demande à la science philoso-
phique, morale et politique, l'accomplissement de
son devoir.

Le devoir impose des obligations que la loi n'in-
scrit pas dans les codes, le devoir s'élève et il plane

au-dessus du législateur; il élève l'homme jusqu'à Dieu pour trouver en lui la volonté d'accomplir les saintes obligations du devoir.

Ce n'est que par l'accomplissement du devoir que l'homme devient juste.

C'est par la pensée que l'homme s'est civilisé. C'est par la pensée que la science, les arts, le progrès et toutes les améliorations se sont produites; c'est par la pensée que Dieu a révélé à l'homme l'éternité et l'immortalité de l'âme. C'est encore par elle que chaque jour elle s'offre à nous plus grande, plus magnifique et si riche d'émotions à la vue même de l'ombre qui fuit et du grain de poussière que le vent agite et chasse devant lui. Et la presse? La presse, devenue l'auxiliaire puissante de la pensée et de la science, descendue sur la terre pour y proclamer les merveilleuses et divines combinaisons du génie et pour y être l'auguste messagère de la liberté, éclairant de son flambeau le monde, pour faciliter aux hommes l'enseignement des saintes lois de la fraternité.

C'est encore la presse! Si elle ne crée pas la pensée, elle, du moins, en s'appuyant sur l'imprimerie et le télégraphe, aidée de la puissance de la vapeur et de l'électricité, la porte aux confins des empires, aux dernières limites de l'univers, et semblable à l'éclair qui sillonne la nue et l'espace de l'infini céleste, le télégraphe et la presse parcourent comme l'électricité l'espace terrestre pour porter à nos frères inconnus et ignorés de nous nos idées, notre pensée, notre civilisation et nos progrès de tous les jours, de toutes les heures, nos saluts fraternels, en nous rapportant les leurs.

Voilà la puissance qui réformera le vieux monde. Elle reprendra l'œuvre commencée en 1789 par nos pères, et demeurée interrompue. Elle conservera de l'ancien monde ce qu'il possédait de grand, en digne souvenir de nos ancêtres et de nos aïeux. Tout ce qui se rattache par eux au créateur qui a tout fait, tout produit et tout donné à l'homme pour le rendre heureux, il faut l'avouer et l'affirmer. L'homme n'a jamais été prévenu, on ne lui a jamais dit ni appris depuis cinq mille ans qu'il pouvait lui seul faire son bonheur et qu'il était l'auteur de tous ses maux ; il a toujours été dès le berceau, et ensuite par son instruction de tous les jours, assuré que le démon ou Satan le portait ou le porterait au péché, au mal et au crime, et qu'ensuite Dieu le punirait de ses fautes, lorsque lui-même était le démon ou Satan et qu'il se punissait de ses propres mains. J'ai entendu souvent de tristes et déplorables plaintes adressées au Créateur. *Je souffre à côté de mon frère qui ne souffre pas. Dieu a voulu qu'il y ait des malheureux et des heureux sur la terre, des riches et des pauvres, de bons et de mauvais rois. Il a voulu qu'il y ait tout ce qui peut se trouver dans le bien et dans le mal avec excès, confusion et exaltation, pour faire un monde.* Le monde est ainsi fait; si vous l'osez, dites le contraire.

Eh bien! non! Dieu n'a pas voulu ce mélange atroce et cruel qui fait qu'un membre de la grande famille meurt de faim à la porte du riche, ou de froid sur le seuil d'un palais ; comme il n'a pas voulu que l'homme, créé et condamné au travail pour son bonheur et pour y trouver son existence, la force et la santé prolongée au terme que lui a assigné le Créateur, demeure dans la paresse et l'oisiveté, dans les plaisirs et les festins qui abrégent la vie et le font souffrir un peu plus tôt ou un peu plus tard, le rendent malheureux, pauvre et méprisable, soit au commencement de sa carrière, à son milieu ou à sa fin. Non, Dieu n'a pas voulu que la jeune fille qui peut honorablement être heureuse par le travail, l'ordre et l'économie, se prostitue, étale sa honte et son opprobre, et pour le cacher à elle-même et aux regards du monde, se précipite dans le fleuve, s'asphyxie avec ce calme froid et réfléchi que donne la honte, car la honte tue !... Non, Dieu n'a pas voulu toutes ces misères et ces humiliations qui ne sont que le châtiment que nous nous infligeons, que nous avons hérité et que nous transmettons d'âge en âge.

L'homme doit être heureux sur la terre, mais il doit l'être dans la limite d'un bonheur voulu, réflé-chi, possible, honnête et moral, que donne le travail d'abord, ensuite par l'ordre et l'économie que créent une honnête aisance. C'est par cette honorable source que les biens et les richesses se fondent dans la famille, et ils ne s'y conservent qu'à cette seule et stricte condition. Le travail les féconde et les centuple, mais sans ordre ni économie, il n'y a pas de propriété possible. Le bonheur après lequel le monde court et se précipite pour le saisir est ce bonheur froid et sans attraits pour les uns, et cet autre bonheur effréné qui n'a pas de nom, qui commence et finit dans la débauche, que le civilisé appelle vie courte et bonne, qui, si elle ne le fait descendre assez tôt dans la tombe, le pousse dans la misère la plus absolue.

Les temps sont venus où il ne faut plus avoir de réticence ni d'arrière-pensée ; il faut dire la vérité et ne plus la cacher à personne.

Le peuple français a de grands devoirs à remplir : qu'il s'en pénètre bien et qu'il n'oublie pas que le monde l'observe et le contemple dans sa chute et son agonie... La marche du temps le grandit et l'élève à toute la hauteur de puissance qu'il pouvait atteindre en le rendant souverain par le suffrage universel qui a fait perdre à la royauté sa puissance et son autorité souveraine aussi vieille que le moude !!! A son tour, le peuple en supportera le lourd fardeau et l'écrasante puissance qui pèse aujourd'hui sur lui. Il faut qu'il accepte avec courage et résignation l'écrasante responsabilité sous laquelle ont succombé rois, empereurs et présidents de république, les uns sur le billot ou sur l'échafaud, d'autres par la main des assassins et d'autres, plus malheureux encore, prenant le rude chemin de l'exil.

Nous cherchons dans le travail et les secours offerts à nos frères à faire disparaître et cesser la misère et la pauvreté dans laquelle se trouve réduite une partie assez grande de la population. Les moyens employés, suivis et pratiqués, ont rendu tout le bien-être et le soulagement attendu et espéré, et il faudra encore obtenir de notre dévouement au malheur. Le mal est grand et il grandit et s'accroît tous les jours davantage. Que de douleurs à soulager et à faire oublier, et quel retour ne devons nous pas faire sur nous-mêmes en trouvant nos mœurs si relâchés dans tous les rangs de la société ! D'éminents publicistes ont demandé et demandent quels sont les moyens à prendre pour faire cesser la prostitution. Des hommes qui ont occupé une position élevée dans la société et la magistrature ont aussi demandé quelles étaient les mesures à prendre pour éteindre la prostitution ? Eh ! vos plaintes et vos cris de dou-

leur me prouvént assez que vous ne connaissez pas
la cause et la profondeur du mal que vous attaquez.
Quoi! nous devrions savoir et être convaincus qu'une
grande partie de nous, hommes de tous les rangs,
de toutes les classes et de toutes les conditions, nous
sommés la cause de ce désordre que nous appelons
prostitution. Ne sommes-nous pas coupables au
premier chef? Oui, c'est bien nous qui élevons la
voix pour accuser et condamner nos victimes et re-
jeter sur ces faibles créatures de l'humanité tout
l'odieux de notre conduite. Voilà bien l'homme, cet
être orgueilleux qui oublie de se respecter lui-même
et qui est le gérant et le directeur de la société, aussi,
à quel degré de perfection et de moralité n'est-elle
pas arrivée, ou plutôt tombée, pour avoir, le 22 juin
1865, amené M. le procureur général Dupin à la
tribune du Sénat, pour répondre au remarquable
rapport de l'honorable M. Goulot de Saint-Germain
sur la prostitution.

Il faudra aborder d'autres moyens que ceux que
l'expérience acquise et l'économie enseignée et pratiquée ont donnés jusqu'à ce jour pour arriver, au-
tant que possible, à la somme de bien-être et de
moralité dus à l'humanité. Il faut que gouvernement
et peuple se pénètrent d'une grande vérité ; vérité
absolue et incontestable qui ne peut se réfuter et que
nous devons, nous, peuple, nous, hommes de toutes

les conditions, méditer dans notre judicieux bon
sens. Oui, nous devons bien demeurer persuadés,
convaincus, qu'un gouvernement, quel qu'il soit, ne
peut, lui, impérial, royal ou républicain, arriver à
ce grand résultat si impatiemment attendu, à ce
miracle enfin, sans la grande et puissante assistance
du peuple et sans son bon vouloir ; à lui aujourd'hui
toute la responsabilité première.

L'Europe est tourmentée et les peuples, daus leurs
sphères respectives, s'agitent dans un courant qui
les pousse et les précipite vers l'inconnu. Le chemin qu'ils ont fait dans cette voie d'illusions et de
périls ne leur a fait éprouver que des espérances
déçues, des chutes et des catastrophes qui présagent
l'avenir qui s'ouvre devant eux et qui sera peut-
être leur dernière étape politique !... Ne l'oublions
pas, tout se lie et se délie par une main invisible
qui arrête à propos le mouvement du progrès et de
l'esprit, mais qui le laisse se reproduire quand il est
la vie et la durée des nations. Quel n'est pas l'éton-
nement et la terreur qu'éprouvent et ressentent les
peuples, quand l'action de cette main cesse de les
protéger ! Cet abandon ne nous rappelle-t-il pas les
convulsions où le monde s'est trouvé placé à diverses
époques de ses âges pour nous instruire et nous servir de leçons morales et politiques ?

Assez de déceptions !!! arrêtons-nous s'il en est

encore temps ! sortons de la fatale voie que nous suivons depuis quatre-vingts ans. Assez de révolutions, assez de sang versé et de douleurs, assez de chutes et d'effacement moral et politique ! la honte tue les nations comme elle tue les individus.

La France, surexcitée par son génie précurseur des grandes crises politiques, s'est placée à la tête du mouvement qui entraîne les peuples, ressemble à la locomotive lancée à grande vitesse sur le railway du progrès de la civilisation. Eh bien ! descendez dans les bas-fonds de notre civilisation et, remontant de ses profondeurs, si vous vous arrêtez à ses divers degrés, vous plaindrez les rois, les empereurs et les princes, qui, pour reprendre leur couronne, s'habituent au contact d'une atmosphère qui nous rappelle la civilisation des peuples de l'antiquité arrivée à son apogée, la chute des rois et des empires, la dispersion des peuples et l'anéantissement des nations. Attendez donc, votre attente ne sera pas assez longue ! oui, la locomotive arrivera, entendez-vous ? mais si vous n'entendez pas, écoutez dans le silence de la nuit, dans le recueillement de votre esprit, vous entendrez au loin dans l'espace, et par un sentiment qui, comme à l'approche de l'orage qui va fondre et éclater sur nous, se révèle par un calme saisissant qui effraie.

Espérons, espérons toujours et ayons confiance

dans l'étoile de la France qui brille à notre ciel, non, non, elle ne s'éclipsera pas.

Les monarchies, les empires et les républiques tombent, mais les monarchies et les empires se relèvent et les républiques demeurent ensevelies sous leurs ruines.

Cherchez les hommes qui ont renversé révolutionnairement la monarchie. Où sont-ils allés s'abîmer et se perdre ? Suivez-les ! ils sont allés les uns après les autres, poussés par le délire révolutionnaire, expier leurs crimes sur l'échafaud, ou ont été frappés par des balles fratricides... Et toi, peuple |français ! toi, qui t'es aidé à la démolition, toi qui as porté la main à l'œuvre de 93, et, de démolitions en démolitions, de désastres en désastres, as renversé ce que tu n'as pu détruire assez vite; tu as démoli l'édifice élevé par nos ancêtres et nos aïeux et respecté par les siècles! Tu en as dispersé et cédé les parties qui te défendaient contre l'orage, la tempête et l'invasion. Tu es aujourd'hui sans soutien et sans appui, frappé et écrasé par la dernière tuile qui a laissé à découvert le toit incendié de la maison paternelle.

FIN

LYON. — IMPRIMERIE PITRAT AINÉ, RUE GENTIL, 4.

www.ingramcontent.com/pod-product-compliance
Lightning Source LLC
Chambersburg PA
CBHW061239030726
47595CB00004B/1612